隋唐演义

[清] 褚人获 ◎ 著　　郭婷 ◎ 编

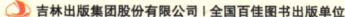

吉林出版集团股份有限公司 | 全国百佳图书出版单位

程咬金劫官银

在酒家,尤通偶遇程咬金,二人结拜为兄弟。尤通带程咬金劫了从青州运往京城的三千两官银。在樊虎和唐万仞的建议下,刘刺史从来总管那把秦叔宝要来帮忙抓强盗。可是强盗踪迹全无,刘刺史气急败坏,打了他们每人三十板。秦叔宝被打得皮开肉绽。

程咬金劫官银

三

兖州东阿县武南庄有一个豪杰，姓尤名通，字俊达，在绿林中行走多年，人们都称他为尤员外。他听说有三千两银子正从青州运往京城，而兖州是必经之地，就打算截下来，便叫手下再找几个得力的帮手。手下便推荐了刚刚充军回来的程咬金。

事有凑巧，这天，尤通走进酒家刚坐下，就看见一个背着柴的大汉走进店来。他双眉倒竖，两眼发亮，疙瘩脸横生怪肉，邋遢嘴露出獠牙，留着络腮胡子，耳后有蓬松的长发，身材魁梧，气质粗豪，好像生铁打成的人一样。

程咬金劫官银

七

尤通上前搭话,那人说自己叫程咬金。尤通一听,高兴地邀请程咬金去家里详谈。到了尤府,尤通和程咬金结拜为兄弟。

尤通备好酒菜,又和程咬金喝起酒来,并把想打劫皇银的事告诉了程咬金。程咬金听后笑道:"不劳兄长费心,只须小弟一马当先,这银子就滚滚而来了。小弟会用斧,将劈柴的板斧,装了长柄,舞得十分顺手。"

尤通叫人取来一柄斧,由浑铁打成,两边铸了八卦图,名叫八卦宣花斧。又送给程咬金一副青铜盔甲、绿罗袍和一匹青骢马。尤通自己也穿戴好盔甲,二人乘兴比试了一番。

到了二十四日,程咬金带人埋伏在长叶林,把押运银子的官军卢方等人打得弃银而逃。尤通忙率人把官银都搬回了武南庄,杀猪羊,摆酒席,等程咬金回来贺喜。

程咬金劫官银

此时，程咬金追了押解官薛亮十多里，他以为银子在薛亮的马上。薛亮叫道："好汉，我与你无冤无仇，现在银子都已经撒在长叶林，你为何还紧追不放！"程咬金听到银子在长叶林，就不追了，调转马头往回走。

薛亮见他不追了，又骂道："山贼，我要回去禀告刺史，派人来缉拿你，有种你不要走。"程咬金一听，怒喊道："你不要走，明人不做暗事，我不但不杀你，还要通名报姓，我叫程咬金，我的朋友叫尤俊达，是我二人取了这三千两银子。"

程咬金骑着马回去，快到庄上时，他有点后悔了："刚才不该说名，如果让尤员外知道了，肯定要埋怨我，千万不能跟他说。"

程咬金劫官银

一五

那解银官薛亮回去后,却向刺史斛斯平禀告说抢劫的人自称靖山大王陈达、牛金。斛刺史大怒,一面写文书禀报宇文恺,一面发公文去齐州,要缉拿陈达、牛金。

　　过了数日,齐州刘刺史看了公文,便急忙叫来捕盗都头樊虎、副都头唐万仞,责问为何几个月了还没强盗的消息,把樊虎、唐万仞各打了十五大板,限期三个月后汇报。

樊虎和唐万仞商量着请秦叔宝来帮忙抓强盗,并把这个主意告诉了刘刺史。刘刺史赶忙去来总管那把秦叔宝要来。秦叔宝与众朋友齐心协力地查找,可是强盗却踪迹全无。

时值九月,单雄信正忙着秋收,王伯当、李密前来造访。王伯当说九月二十三日是秦叔宝母亲六十寿辰,邀请单雄信等一众朋友一起前往贺寿。李密说要多找一些朋友同去。

程咬金劫官银

一九

单雄信取了两支令箭叫手下去邀请朋友,并嘱咐说十五日能到二贤庄就先到二贤庄,不能到二贤庄的直接去山东。

十四日,北路的朋友到了三位:张公谨、史大奈、白显道。单雄信又叫手下请来了童环、金甲,一共八人,部下随从不下几十人,行李、礼物、随身兵器均用小车推着,直奔山东。

众豪杰正走着,有人来报说前面有强盗拦路。童环、金甲两个立刻纵马前去。王伯当不放心,追过去一看,童环、金甲二人和强盗打了起来,柴绍也在那里。

原来,柴绍带着李渊为秦母准备的寿礼赶路,尤通、程咬金看他衣着光鲜,行李沉重,十分眼热,上来就抢。恰好童、金赶来,拔刀相助。没想到程咬金力大无穷,直接把他们掀翻了。

程咬金劫官银

王伯当喊道:"朋友,我和你都是道中之人。"程咬金不懂,举斧便砍,说:"我又不是吃素的,才不是什么道中!"王伯当笑道:"好个粗人,我和你都是绿林中人。"程咬金说:"就是绿林中,也要留下买路钱。"斧子如疾风暴雨般砍剁下来。

王伯当的枪法凌厉，程咬金连人带马都招架不住，拍马逃跑，叫道："尤员外救我！"王伯当一听他喊尤员外，忙道："柴郡马、尤员外，你们不要再打了，都是一家人。"

　　这时，单雄信一行也过来了。大家互报姓名，欢喜相认，共十一人一同进齐州。众人来到离齐州四十里地的义桑村时，太阳已落山，于是他们找了一家客栈住下。后来又有两人来到店里，正是尉迟兄弟。

程咬金劫官银

十一个豪杰在楼上喝酒,程咬金喝醉了,他因为开心,把酒杯往桌上狠狠地一放,大叫一声:"好快活!"他天生力气大,手放杯落,杯子粉碎,这不要紧,重要的是,他还跺了一下脚,把楼板蹬折了一块。

楼下的尉迟兄弟正在喝酒,没想到头上扑簌簌一阵飞灰,把酒菜都弄脏了。尉迟北朝着楼上就骂:"上面是什么畜生,乱蹬什么蹄子!"

程咬金一听有人骂他,就跳了下来,二人挥舞着拳头打成一团。两个人力气都很大,衣服都扯破了,得亏那楼盖得结实,不然一会儿就倒了。尉迟南不好上去帮忙,就用幽州方言问酒保:"这个地方是什么衙门管的?"

　　楼上的张公谨一听是幽州人,便下楼查看,发现他俩竟是尉迟兄弟。单雄信忙让程咬金停手。原来罗成收到单雄信的令箭,他的母亲准备了礼物让尉迟兄弟送去。

之后，十三个好汉坐到一起继续喝酒聊天，然后各自睡去。到了清晨大家起身前往齐州，在离城还有二十里时，贾润甫等人前来迎接他们。

单雄信说先去秦叔宝家，贾润甫支支吾吾地应了，却还是将众人带到了自己家，准备好酒菜让众人吃，还骗他们说已经派人去请秦叔宝了。贾润甫为什么说谎呢？

原来秦叔宝虽然武艺高强，却不是捉拿盗贼的好手，劫官银的案子一直没有进展。三个月期限已到，秦叔宝等五十四人进府。

　　刘刺史问盗贼可有踪迹，众人说没有。刘刺史气得涨红了脸骂道："哪里有几个月抓不到两个盗贼的道理！一定是你们得了盗贼的好处，在这搪塞我，想让我赔银子。来人，给我打！"五十四人每人三十板全打完，太阳都已经落山了。

程咬金劫官银

三五

大门一开，众人一个个龇牙咧嘴地走出来。秦叔宝功夫比别人好，刚打板子时，他的身体会自动运气抵抗，把行刑的人震得虎口开裂。他不忍心让那些人为难，便把真气散了。他虽然被打得皮开肉绽，但好在没伤到筋骨。

　　秦叔宝一出刺史府，就被一个老人请去喝酒。正喝着，樊虎进来低声说贾润甫家中来了十多个骑着马的可疑之人，或许陈达、牛金也在里面。

秦叔宝连忙和樊虎来到贾家,他让樊虎在门外接应,自己进去侦查。当时,贾润甫他们正在喝酒,前面还有鼓手在表演,很多街坊邻居都来看热闹。

秦叔宝蹲着身子混在人群中观察。只见那些人虎背熊腰,但天黑看不清长相。直到点了灯,他看见有个人很像单雄信。正好贾润甫喊道:"单员外请坐吧。"

程咬金劫官银

国学小香书 **隋唐演义** 二 四〇

秦叔宝又看到王伯当正在与人说话,心想:"一定是王伯当约单雄信来给母亲拜寿的。"秦叔宝本想过去和他们见面,但想到自己身上有伤,不好意思见单雄信,便转身往外走。

秦叔宝到了门外,生气地对樊虎说:"那是潞州的单二哥。当年你去二贤庄不是见过他吗?他是来给我母亲祝寿的,其他也都是熟人。"

其实单雄信也看到秦叔宝了,但见他躲躲藏藏的。贾润甫知道秦叔宝来了,便急忙出去找他,秦叔宝却说身上衣服破烂,羞于见人。

贾润甫让人拿来两件新衣给秦叔宝换了,他俩才一起进去。众人连忙迎了上来,各自相认。

程咬金劫官银

四三

隋唐演义 二 四四

秦叔宝端着酒杯一一敬过,到第三桌时,他却没有认出程咬金,很快就去敬别人酒了。

尤通对程咬金说:"你说你和秦叔宝从小就认识,他怎么好像不认识你?"程咬金面红耳赤地说:"你不信,我叫他来!"尤通说:"那你叫吧!"程咬金猛地站起来,喊道:"太平郎,你今日怎么这么骄傲!"

此语一出，满座震惊。秦叔宝听到有人在叫他小名，慌得站起身来说："哪位仁兄错爱秦琼，唤我乳名？"贾润甫说："那是尤员外的好友，程知节兄，是他呼唤大哥乳名。"

秦叔宝走到程咬金面前，拉住他细看，并问道："贤弟，你家住哪里？"程咬金落下泪来，说："小弟就是斑鸠店的程一郎。"秦叔宝一听，也流下泪来，说道："原来是一郎贤弟！"众人连忙向二人道贺。

程咬金劫官银

四七

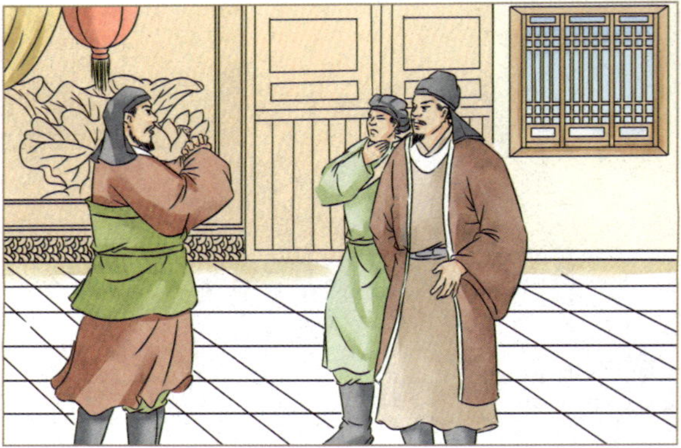

秦叔宝换到程咬金边上喝酒，只是他刚被打了板子，不太敢坐在椅子上。程咬金是个粗人，没看出来。单雄信心细，便问贾润甫这怎么回事。贾润甫让仆人和手下都退去，又关上房门，这才把官银被盗、秦叔宝挨打的事说了出来。

尤通一听,赶紧在桌子下面捏程咬金的腿,暗示他不要说话。可程咬金却直接站起来,喊道:"尤大哥,你不要捏我,就是捏我,我也要说出来。"程咬金说这事是他俩干的,是解官记错了姓名。众人一听都目瞪口呆,秦叔宝的脸色也很难看。

程咬金劫官银

五一

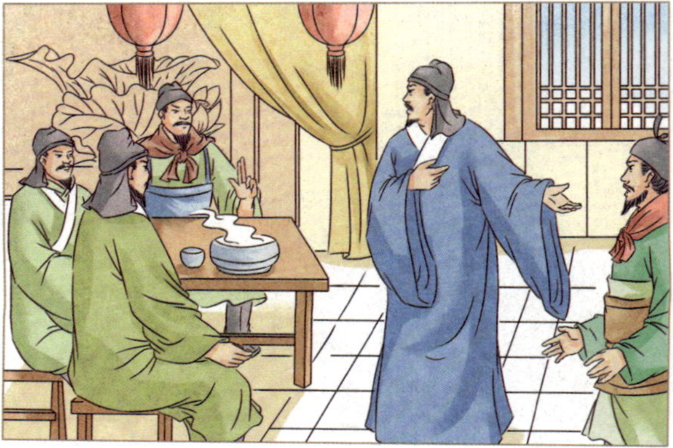

单雄信问:"叔宝,你打算怎么办?"秦叔宝说:"兄长不必惊慌,没有此事。程知节与我从小相识,他的诨名叫作程抢掙,什么事都敢往身上揽。他刚才是胡说,逗我开心的。流言止于智者,诸兄都是高人,怎么会把戏言当真?"

程咬金急得大喊:"秦大哥,你小瞧我!我会拿这种事开玩笑吗?"说完从怀里掏出十两银子扔在桌上:"这些兖州官银是我带来做寿礼的。"

秦叔宝把银子装进袖子,豪杰们都不敢说话。单雄信说:"叔宝,他俩是我带来的,没想到却害了他们的性命。"秦叔宝说:"不要说尤俊达、程咬金是兄长请来的,就单论我和咬金从小到大的交情,我也不会害他。兄弟们放心,请看这个。"

程咬金劫官银

五五

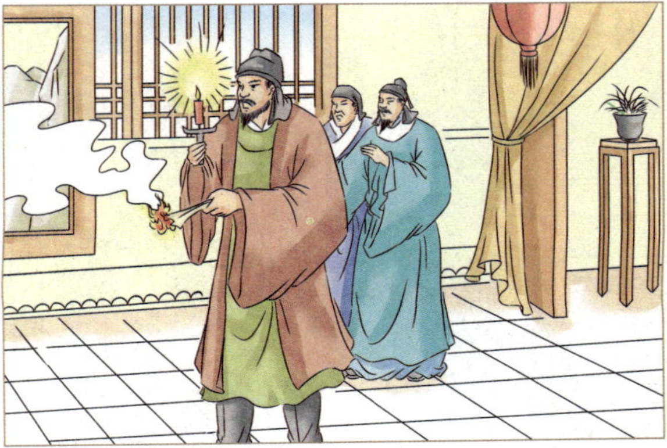

秦叔宝取出捕批官文递给众人,上面只有陈达、牛金两个名字。程咬金道:"就是我两人干的,那个解官记错名字了。明天拜寿之后,我就和兄长去见官。"

单雄信把捕批官文交还秦叔宝。秦叔宝接过来,"豁"的一声,撕得粉碎。李密和柴绍来抢夺时,官文早就被放在灯上烧着了。

程咬金叫道:"秦大哥你没了批文,怎么回话?是我们连累了你!"柴绍却笑着说:"两位不用担心,由我柴绍来承担吧!"原来刘刺史是柴绍父亲的门生,他这次来原本也是要见见刘刺史的。

尤通说:"只要柴大哥能劝说刺史不难为叔宝,银子我去借。"柴绍说:"这银子我也来想办法。"于是,众人放下心中大石,又欢欢喜喜地喝起酒来。

程咬金劫官银

五九

隋唐演义 二　六〇

第二天，单雄信等带着礼物来到秦叔宝家，又唱贺寿词，又喝寿酒，热闹万分，秦叔宝的母亲也非常高兴。魏徵的道友徐洪客也赶来了，他还带了一封魏徵的信给秦叔宝。

第三天，李密、柴绍分头办事。李密去见来总管，来总管说："刘刺史借叔宝去捉贼，我真没想到叔宝会受这么大的委屈。不如这样，麻总管让我交五百名河工，就由秦叔宝负责押送吧。"

柴绍去见刘刺史，刘刺史抱怨说："这么多银子，我怎么赔得起，就算在本州各县搜刮，可县官们谁也不肯拿银子出来。没办法，只能严加命令秦叔宝等人捉拿盗贼。"

柴绍看刘刺史是要秦叔宝等人出这银子，便笑着说："等各捕盗的赔了钱，这事就了结了吧。"刘刺史同意了，还叮嘱说："千万别听他哭穷，就少赔钱。"柴绍满口答应，起身告别。

程咬金劫官银

六三

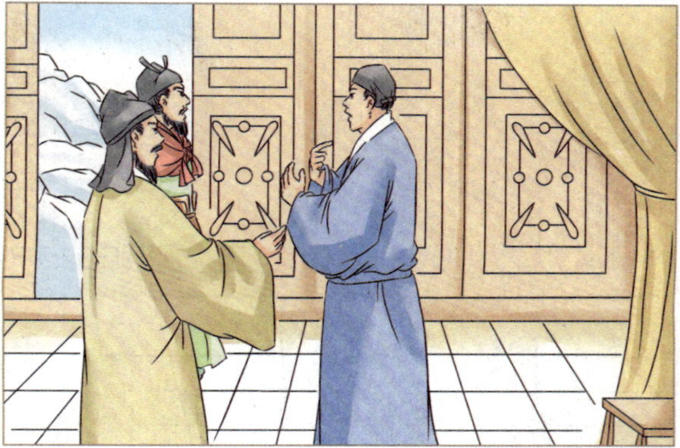

柴绍回到贾润甫家，将情况一说，单雄信等人都说这群捕盗的大多家里贫穷，凑不齐那么多银子。柴绍说："这些钱都包在我身上，其实这原本是秦大哥的银子。"

大家不明白,柴绍解释说:"叔宝在植树岗救了我岳父,我在报德祠见到叔宝时,写信告诉岳父,等岳父派人送银子来时,叔宝已经回去了。他是个好汉子,不求报答,肯定不会收这银子,不如用来了结这事。"程咬金笑道:"这太便宜我们两个了。"

程咬金劫官银

六七

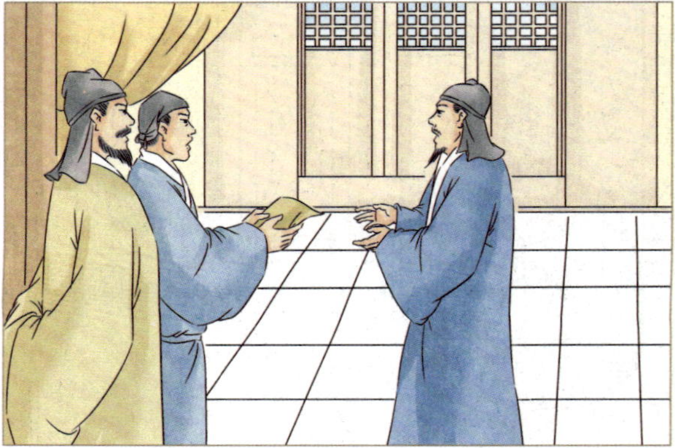

柴绍叫家人带了银子，同单雄信、李玄邃、王伯当三人，来到秦叔宝家中。樊虎也在。柴绍取出李渊的书信和银子，说明代为赔钱。秦叔宝本不答应，在众人的劝说下，只好接受了。

　　这时，李密又拿出来总管的批文，任命秦叔宝为领军校尉，三日内前往河道总管麻叔谋那里报到。

第二天一大早,秦叔宝去向来总管道谢辞行。来总管说:"我一时疏忽,让你蒙受了许多凌辱。如今你暂且去,你是一个前途不可限量之人。"

秦叔宝回来之后,准备好宴席,将朋友们请过去喝酒。贾润甫、樊虎、唐万仞等人也对柴绍感谢不尽。

程咬金劫官银

七一

国学小香书 **隋唐演义** 二 七二

第三天巳时，秦叔宝拜别了母亲、妻子，穿着红刺绣的衣服，骑上黄骠马，同五十名队长领着五百人的队伍，出了西门，前往河道总管麻叔谋那里。

麻叔谋奉旨开运河

隋炀帝要开一条直通广陵的河道,任命麻叔谋为开河都护、李渊为开河副使。柴绍夫妇谎称父亲李渊生病,买通萧炬和宇文晶,改派令狐达为开河副使。

麻叔谋奉旨开运河

七五

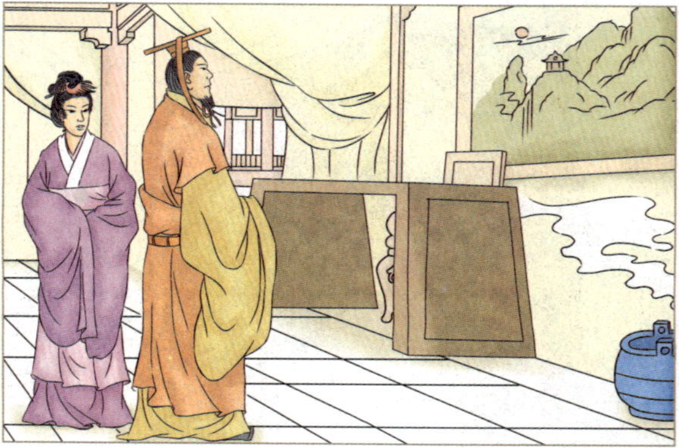

一天,太监进来奏道:"皇后娘娘请万岁去木兰庭赏玩。"隋炀帝便带了宝儿等五人,来到萧皇后宫中的木兰庭。隋炀帝环顾四周,只见千万朵花,一起怒放,非常壮观。

大家说说笑笑,隋炀帝走上殿来,看到中间挂着一幅巨画,画上都是山水人物,有楼台寺院,也有村落人家。萧皇后请隋炀帝来饮酒喝茶,隋炀帝不吭声只顾着看画。

萧皇后问:"这是哪个名人的画?陛下为何这样喜爱?"隋炀帝说:"这幅画是《广陵图》。朕见此图,忽然想起广陵风景。"萧皇后说:"此图与广陵不知有多少相似之处?"隋炀帝说:"广陵山明水秀,柳媚花娇,这图哪里能画得出?"

麻叔谋奉旨开运河

七九

国学小香书 隋唐演义 二 八〇

萧皇后问:"这条是什么河道?"隋炀帝走近一步,说道:"这不是河道,这是扬子江。此水自三峡中流出,奔腾万余里,直到大海,由此分南北。"

李夫人问:"沿江一带都是什么山?"隋炀帝说:"正面是甘泉山,左边是浮山,大禹治水曾经过这里,山上还有个大禹庙;右边这座叫大铜山,汉时吴王濞在此铸钱;背后的小山,叫横山,梁昭明太子曾在这里读书。四面分别是瓜步山、罗浮山、摩诃山、狼山、孤山。"

萧皇后又问:"中间这座城是什么城?"隋炀帝说:"这是芜城,又叫古邗沟城,曾经是战国时期吴国的国都。"

隋炀帝又指着西北一带说:"这一处有二百余里,与西苑差不多大小。朕如果在这里建都,可以修造十六宫院,与西苑一样。"又四下里乱指说:"此处可以筑台,此处可以起楼,此处可以造桥,此处可以凿池。"

麻叔谋奉旨开运河

八三

国学小童书 **隋唐演义** 二 八四

见隋炀帝说得手舞足蹈，萧皇后笑道："那陛下为什么不派人赶快去修？"隋炀帝说："朕早有此意，只恨这是一条旱路，路途辛苦，再带着诸多妃子，人多事杂，如何能够快活？"

萧皇后说："为什么不找一条水路，多造龙舟，咱们都可以安全地前往？"隋炀帝笑道："如果有水路，也不会等到今天了。"

萧皇后说:"难道就没有一条河路?那条扬子江,恐怕有路。"隋炀帝说:"太远了,通不得。"萧皇后说:"陛下明天召见群臣商议,或许有另外一条水路。"

第二天,隋炀帝聚集大臣商量,要开一条河道直通广陵,以便巡游。众臣奏道:"有旱路直通广陵,没听说有河道可以相通。"隋炀帝要众臣想出一条河路来,众臣只得奏道:"臣等愚昧,希望陛下容臣等回去和各地方官细细查找。"

麻叔谋奉旨开运河

八七

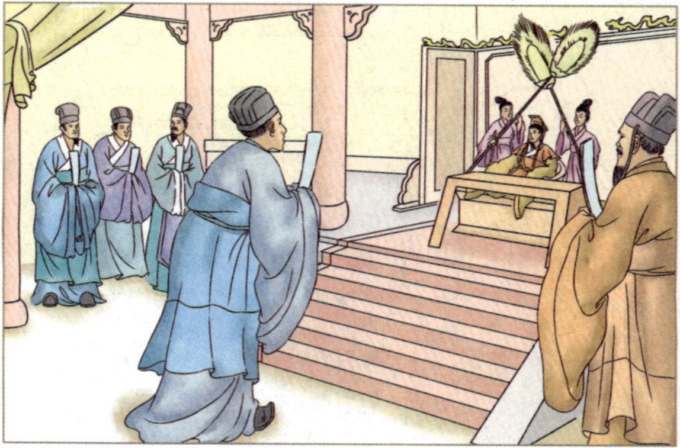

这天，隋炀帝召集大臣询问河道的事。宇文述奏道："谏议大夫萧怀静，说有一条河路可以通广陵。"萧怀静正是萧皇后的弟弟。

萧怀静说："这是一条旧河路，如果能召集民工，重新疏通，不过一千里路就可以直接到广陵。臣听说，睢阳有天子气，修河道一定要从睢阳穿过，天子之气，必然挖断。"隋炀帝大喜："好主意！"

隋炀帝随即任命麻叔谋为开河都护，又让太原留守李渊为开河副使。

麻叔谋为人残忍贪婪，一听说要升官当开河都护，满心欢喜，马上赴任。

麻叔谋奉旨开运河

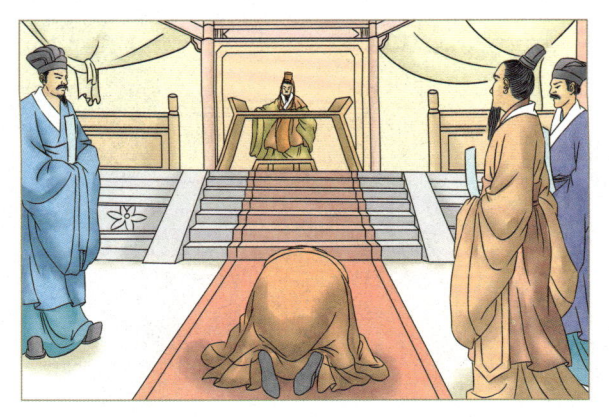

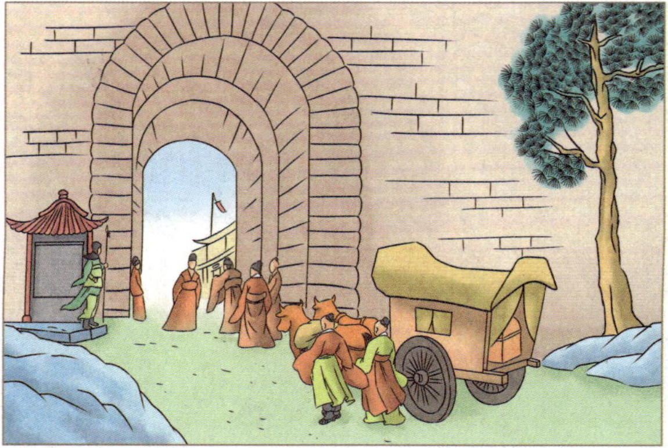

柴绍夫妇知道这是宇文述故意把父亲李渊调离太原，要害他。李氏一面派人报告父亲，叫他谎称生病；一面叫丈夫多带些金银珠宝，去洛阳打通关节，让朝廷另换一人。

柴绍到了洛阳，买通了萧皇后的弟弟萧炬和大臣宇文晶，于是朝廷让李渊养病，改派左屯卫将军令狐达为开河副使。

麻叔谋征集了三百六十万民工,农夫们日日劳作,辛苦万分。

一天,一队人挖到一座白石砌成的屋子,农夫们不敢妄动,便请示麻叔谋和令狐达。

麻叔谋奉旨开运河

国学小书书　隋唐演义　二

九六

令狐达正在营外休息,听到手下来报,连忙让人在石门前焚香祷告。祷告完毕后,忽然一阵冷风袭来,两扇石门也缓缓打开。众人走进去,只见里面几百盏漆灯,将屋内点得雪亮,如同白昼,中间摆放着一个石棺材。

麻叔谋和令狐达又向石棺材拜了拜,众人见旁边有一块石板,上面用篆文写着:"我是大金仙,死来一千年。数满一千年,背下有流泉。得逢麻叔谋,葬我在高原。发长至泥丸,更候一千年,方登兜率天。"

麻叔谋奉旨开运河

九九

一〇〇

麻叔谋见连他姓名都写在上面，惊讶不已，赶快和令狐达一起将这人隆重改葬。

　　过了些天，河渠挖到了雍邱地界，众人在树林中又发现一座坟墓，墓上有一座祠堂正阻挡着开河的道路。附近的乡民们说这叫隐士墓。麻叔谋一听是隐士墓，便没放在心上，叫民工掘开此墓。

谁知这墓好像深不见底,挖不到头,还死伤了不少民工。令狐达只好派管粮米的狄去邪下去看看。狄去邪身长八尺,腰宽十围,双眼生光,满脸正气。他有胆量又有智慧,喜爱剑术,常自比荆轲、聂政。

狄去邪换上紧身甲,带着宝剑,下到地底,走着走着,不知不觉间来到一座非常宏伟的宅院。

麻叔谋奉旨开运河

一〇三

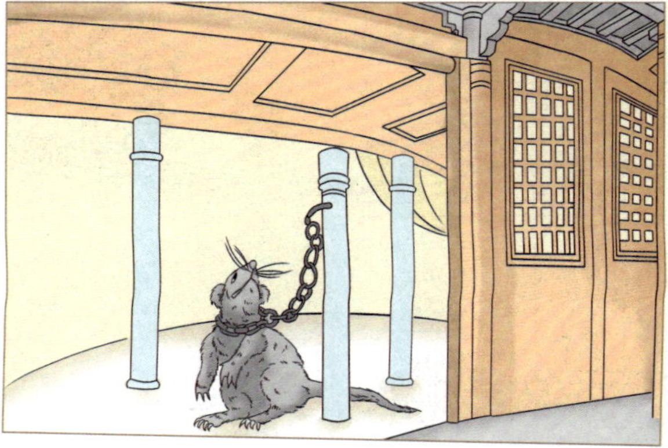

他听到东边石房里有声音,就从窗眼往里一看,只见屋里石柱上拴着一头怪兽。那怪兽长得尖头贼眼,脚短体肥,仿佛有一头牛那么大,也不是虎,又不是豹。

狄去邪看了半天,猛然想到了什么,他又定睛一看,原来那是一只大老鼠。

这时正门突然开了,一位童子说皇甫君请他进去。
　　狄去邪进去后,看到殿上坐着一位贵人,身穿紫色的龙袍,头戴八宝冠,佩戴玉饰,就像一位帝王。左右站着许多官吏,阶下侍卫森严。

麻叔谋奉旨开运河

一〇七

隋唐演义 二

一〇八

那位贵人说："狄去邪，你来了！"狄去邪答道："狄去邪奉圣旨开河，误入仙府，实在得罪。"那贵人便说："你认为当今皇帝尊荣吗？我叫你看一个东西。"就对旁边卫士道："快去牵阿摩过来。"

不多时听到铁链声响,卫士牵了一头怪兽前来。狄去邪一看,就是那只大老鼠,它很得意的样子。那贵人在上怒目而视,大声喝道:"你这畜生,我让你暂时做了皇帝,你却干尽坏事,今天我要杀死你!"

麻叔谋蠢旨开运河

国学小书书

隋唐演义

二

一二二

卫士举起大棍，朝鼠头上打了一下，那大老鼠疼痛难忍，咆哮大叫，好像雷鸣。

　　正要再打，忽然半空中降下一个童子，手捧着一道天符，对皇甫君说道："天帝有命。"皇甫君慌忙下殿来，俯伏在地。

童子宣读天符道:"阿摩现在还不该死。再等五年,方可行刑。"皇甫君便叫卫士把阿摩牵去锁了。

皇甫君对狄去邪说:"这里是九华堂,你要不是有仙缘,也不能到此。你前程似锦,不可自甘堕落。麻叔谋小人得志,将来定然不得善终。"说完,便吩咐他出去。

麻叔谋奉旨开运河

一二五

隋唐演义 二

一一六

狄去邪正要问个清楚,突然间,人就醒了。四处看看,半个人影也不见,那座洞府也不知哪里去了。狄去邪惊异极了,原来,自己竟在这荒郊野外睡着了,刚刚做了个梦。

狄去邪也在林子里迷了路,费了好大劲才看到一户农户,一位老者走了出来,狄去邪走上前去问路。

狄去邪问到雍邱还有多远。老人说:"这是嵩阳少室山,从大路往东再走二里便是宁陵县,不用再去雍邱。我看将军容貌气度非凡,何苦和这群虐民的奸人在一起?"

老者邀请狄去邪进屋,并让他饱餐了一顿,然后才将他送到大路上。

麻叔谋奉旨开运河

一一九

隋唐演义 二　一二〇

狄去邪想想白天做的奇怪的梦，心中恍惚，又见天色渐晚，不由得加快了脚步，忙赶到宁陵县，在公馆中等候。

　　几日后，麻叔谋来到宁陵县，狄去邪将所梦之事详细汇报。麻叔谋听了完全不信，反而羞辱了他一顿。

狄去邪想:"我是个顶天立地的汉子,何苦与豺狼同干害民之事。倒不如隐居山中,逍遥自在。"狄去邪对麻叔谋说自己要回乡,麻叔谋因讨厌他就批准了,狄去邪在回乡的路上想鬼神之事不可不信,也不可全信。

秦叔宝离开齐州,打听到开河都护麻叔谋已经快到睢阳了,他赶快去睢阳投奔。正好在路上碰见了旧时同窗狄去邪。

麻叔谋奉旨开运河

隋唐演义 二 一二四

狄去邪把之前挖掘河道途中遇到的奇怪之事说给秦叔宝听,并叮嘱他小心麻叔谋,然后两人告别。秦叔宝也是个正直不信鬼神的人,听了也没放在心上。

秦叔宝来到睢阳去见麻叔谋,麻叔谋见秦叔宝一表人才好生欢喜,就让他当壕塞副使,监督睢阳开河事务。

麻叔谋奉旨要让河道从睢阳城中穿过。城中大户央求河工壕塞使陈伯恭去探麻叔谋口气，请他保护城池。不料麻叔谋大怒，几乎要将陈伯恭斩首，坚持河道穿城而过。

　　满城百姓慌张，为了保护城外的坟墓和城里的屋舍，有一百八十家大户，共凑了黄金三千两，要买通麻叔谋，却没有门路。

麻叔谋奉旨开运河

一二七

隋唐演义 二 一二八

麻叔谋的亲信陶京儿在外边嚷嚷自己是麻老爷最亲信的人。众人听他这么说，就派了几个人去求他保护城池。陶京儿说："我有一个弟兄与老爷更亲近，我指引你们去见他。"

他为众人引见的是麻叔谋最得意的管家黄金窟,众人许诺酬谢他俩白银一千两。黄金窟满口答应:"都拿来,明天就有好消息。"众人将这些金银都交给了黄金窟。

麻叔谋奉旨开运河

一二一

国学小书香

隋唐演义 二

一三二

黄金窟知道麻叔谋最喜欢钱,便趁他在房中午睡时,悄悄将一个恭献黄金三千两的本子,以及金子都摆在桌上,等他醒来。

黄金窟站在旁边等了许久,只见麻叔谋从床上跳起来说:"你这厮骗我,怎么给我金子,又推我一跤?"麻叔谋把眼连擦几下,见了桌上的金子大笑道:"我说宋襄公绝对不会骗我。"黄金窟笑道:"老爷,是哪个宋襄公送爷金子?"

麻叔谋说:"有个穿紫衣、戴冠的求我护城,又跑出一个大肚皮大胡子,叫什么大司马华元的,要把我捆住。我不肯,他两个只得答应送我黄金三千两。我不见金子,正与守门的争吵,被推了一跤。没想到金子已经送来了,让我点一点,不要少给了。"

麻叔谋奉旨开运河

国学小香书 **隋唐演义** 二 一三六

黄金窟又笑道:"爷可能是做梦了。这金子是睢阳百姓央求我送来给爷求方便的,哪有什么宋襄公?"麻叔谋说:"岂有此理,明明我和宋襄公、华司马说话,怎么是梦?"

随后麻叔谋笑道:"我只要有金子就好。"于是,麻叔谋吩咐明天改道。

第二天,麻叔谋升堂叫壕塞使来,可是当时陈伯恭正在督工,所以只有秦叔宝来了。秦叔宝领命去查看改道。

副总管令狐达听说要改河道,就来见麻叔谋,二人争论不休。这时秦叔宝来禀道:"若由城外取道,较城中差二十余里。"麻叔谋正没处发火,就说:"我派你查看城外河道,你管什么差二十里、三十里?"秦叔宝说:"路远所用人工要多,钱粮要增。"

麻叔谋奉旨开运河

一三九

国学小香书

隋唐演义　二

一四〇

麻叔谋生气地说:"人工不用你家人工,钱粮不用你家钱粮,你多大官,在此胡说!我不用你,看你还管得了!"秦叔宝出门来,衙门已挂出一面白牌道:壕塞副使秦琼,生事扰民,阻挠公务,着革职回乡。

秦叔宝看后道:"狄去邪说这人难伺候,果然是这样。"便收拾行李回家,却不知这正救了他一命。因当日工程急,人死了一大半。

后来，隋炀帝南巡，发现河道有浅处，就做了一丈二尺的铁脚木鹅，试水深浅，发现浅处有一百二十多处。

隋炀帝勃然大怒，遂将修河道的民工尽皆杀死，麻叔谋也被判了腰斩。而秦叔宝因为被麻叔谋解职在先，得以幸免。

麻叔谋奉旨开运河